HISTOIRES À DORMIR DEBOUT

HISTOIRES À DORMIR DEBOUT

PAR JEFF SMITH

AVEC TOM SNIEGOSKI

ENCRÉ PAR STEVE HAMAKER

TRADUIT DE L'AMÉRICAIN PAR JEAN-ROBERT SAUCYER

© Jeff Smith, 2010. Bone® et tous les titres, logos et personnages qui y sont associés sont des marques de commerce de Jeff Smith.
Quelques-uns des chapitres de ce livre ont été publiés pour une première fois sous le titre *Studid, stupid Rat-Tails.* © Jeff Smith, 1998, 1999 et 2000. Tous droits réservés.

Presses Aventure, une division de
LES PUBLICATIONS MODUS VIVENDI INC.
55, rue Jean-Talon Ouest, 2ᵉ étage
Montréal (Québec) H2R 2W8 CANADA

Publié originellement en 2010 par Scholastic Inc. sous le titre *Tall Tales*

Le chiffre de la famille Harvestar fut dessiné par Charles Vess.
La carte de la Vallée est l'œuvre de Mark Crilley.

Dépôt légal - Bibliothèque et Archives nationales du Québec, 2011
Dépôt légal - Bibliothèque et Archives Canada, 2011

ISBN 978-2-89660-220-9

Nous reconnaissons l'aide financière du gouvernement du Canada par l'entremise du Fonds du livre du Canada pour nos activités d'édition.

Gouvernement du Québec – Programme de crédit d'impôt pour l'édition de livres – Gestion SODEC

Imprimé au Canada

JE DÉDIE CE LIVRE À LA MÉMOIRE DE GRAND-MAMAN SMITH
QUI SAVAIT RENDRE LA VÉRITÉ PLUS INTÉRESSANTE.
JEFF SMITH

À JEFF ET VIJAYA… MERCI DE M'AVOIR PRÊTÉ VOS JOUETS !
TOM SNIEGOSKI

TABLE DES MATIÈRES

AVANT TOUT, PUISQUE JE SUIS LE CHEF DE LA TROUPE, JE DOIS PORTER LE **GRAND CHAPEAU**!

BIEN, LES PETITS! PROCÉDONS À **L'APPEL**!

RINGO!

BINGO!

TODD!

BARTLEBY!

SMILEY!

PERSONNE NE MANQUE À L'APPEL, CHEF!

BIEN!

LE MOMENT EST VENU DE NOUS METTRE AU TRAVAIL. NOUS ALLONS PLANTER LES TENTES LÀ-BAS...

PAR **LÀ**?!

MAIS ÇA N'EST **PAS** UN ENDROIT OÙ PLANTER LES TENTES.

QUI PORTE LE GRAND CHAPEAU, TODD ?

MAIS **REGARDE** DONC !

TA TA TA ! LE GRAND CHAPEAU A PARLÉ !

CE MÊME CHAPEAU QUI A ATTENDU QUE TOMBE **L'OBSCURITÉ** POUR NOUS FAIRE DRESSER LE CAMPEMENT ?

VENEZ ! JE VAIS VOUS AIDER À DÉGAGER LES PIERRES.

LE **TRAVAIL D'ÉQUIPE.** RIEN DE TEL POUR FORGER LE CARACTÈRE, TODD.

RINGO ET BINGO, VOUS INSTALLEZ LES TENTES...

TODD, TU PRÉPARES UN **FEU DE CAMP.**

OUI, CHEF.

PENDANT CE TEMPS, JE VAIS DÉBALLER LES RATIONS !

UNE MICHE DE PAIN...

UN BOCAL DE BEURRE DE CACAHUÈTES...

ET DES CORNICHONS !

C'EST TOUT CE QUE TU AS PRIS ?

QU'Y A-T-IL POUR DÎNER ?

DES SANDWICHES AU BEURRE DE CACAHUÈTES ET AUX CORNICHONS !

POUAH !

BEURK !

VOILÀ POURQUOI VOUS NE PORTEZ PAS LE GRAND CHAPEAU. IL FAUT AVOIR ÊTRE COURAGEUX POUR PORTER CE CHAPEAU !

PAR LES MOUSTACHES DES POILUS ! JE CROIS QU'IL EST CAPABLE D'AVALER ÇA !

MIAM ! CRAC ! CROUCHE ! MIUM ! CROC !

BERK !

OUAH !

LE GRAND CHAPEAU VEUT NOTRE PERTE !

NE VOUS INQUIÉTEZ PAS, PETITS... J'AI APPORTÉ DES HOT-DOGS !

HOURRA !

COMME VOUS VOULEZ. MAIS VOUS VOUS PRIVEZ D'UN BON GUEULETON.

DES HOT-DOGS CUITS SUR UN FEU DE BOIS... VOILÀ CE QUE J'APPELLE UN BON GUEULETON!

OUAIS!

RACONTE-NOUS UNE HISTOIRE, SMILEY!

UNE HISTOIRE?

OUAIS. AU SUJET DE LA **VALLÉE**!

RACONTE-NOUS CE QUI VOUS EST ARRIVÉ À TES COUSINS ET TOI APRÈS QUE VOUS VOUS SOYEZ **PERDUS** DANS LA MYSTÉRIEUSE ET **LOINTAINE** VALLÉE!

D'ACCORD. JE VOUS AI PARLÉ DE LA FOIS OÙ MON COUSIN **FONE BONE** EST TOMBÉ D'UNE FALAISE EN COMPAGNIE DE **DEUX RATS-GAROUS STUPIDES**?

OUI!

VOYONS... JE VOUS AI PARLÉ DE LA **GRANDE COURSE DE VACHES**? OU DE LA FOIS OÙ J'AI RENCONTRÉ **MÂCHE-FER, LE COUGUAR GÉANT**?

OUI!

ET OUI!

OH...
MINUTE !

SI JE VOUS PARLAIS DE LA FOIS
OÙ THORN A VOULU QUE
FONE BONE ET PHONEY BONE
FASSENT LA LESSIVE ?

LA LESSIVE ?
NOUS AVONS
ENVIE D'UNE
AVENTURE !

THORN ?
TU VEUX DIRE
LA REINE
THORN ?

ELLE N'ÉTAIT PAS COURONNÉE,
À L'ÉPOQUE. NOUS VIVIONS ENCORE
À LA FERME DE MAMIE BEN.

JE DISAIS DONC... FONE ET MOI
AIMIONS LA VIE DE LA FERME,
MAIS NOTRE RICHE COUSIN PHONEY
ÉTAIT LOIN D'ÊTRE ENCHANTÉ.

PHONEY NE CROIT PAS VRAIMENT
EN LA VALEUR DU TRAVAIL ET NOUS
ÉTIONS DE CORVÉE CHACUN
NOTRE TOUR.

UN JOUR, ALORS QUE
JE TRAVAILLAIS SUR LE TOIT
DE LA FERME...

... ET CE FUT LA DERNIÈRE FOIS QUE FONE BONE ET PHONEY BONE ONT TENTÉ D'ÉCHAPPER À LA **CORVÉE DE LESSIVE!**

VRAIMENT ?

QUELLE **HISTOIRE GÉNIALE!**

EST-CE VRAI ?

BIEN SÛR QUE C'EST VRAI! JE PORTE LE GRAND CHAPEAU!

RACONTE-NOUS UNE AUTRE HISTOIRE, SMILEY

QUE VOULEZ-VOUS ENTENDRE ?

UNE HISTOIRE AU SUJET DE **BONEVILLE!**

BONEVILLE ?

ATTENDEZ QUE JE ME SOUVIENNE... VOUS SAVEZ QUI ÉTAIT **LE GRAND JOHNSON BONE,** NON.

LE HÉROS DE LA FRONTIÈRE! LE BONE LE PLUS **BRAVE** DE L'**HISTOIRE!**

IL PORTAIT UN BONNET EN RATON LAVEUR ET UN LONG COUTEAU DE CHASSE!

C'EST JUSTE! IL ÉTAIT, PARMI NOS ANCÊTRES, LE BONE LE PLUS **DUR DE DUR** QUI AIT VÉCU!

MAIS SAVIEZ-VOUS QUE LE GRAND JOHNSON BONE EST LE **FONDATEUR** DE BONEVILLE?

ON LUI A ÉRIGÉ UNE **STATUE** DEVANT L'HÔTEL DE VILLE, CAR IL A FAIT CONSTRUIRE LE PREMIER **POSTE DE TRAITE** SUR LES RIVES DE LA RIVIÈRE BONE!

MAIS AVANT SES EXPLOITS, IL N'A ÉTÉ QU'UN NOUVEAU-NÉ QUI A VU LE JOUR DANS UNE **CABANE EN RONDINS**...

... ET QUI A BIEN FAILLI NE PAS SURVIVRE À SON **PREMIER JOUR**!

C'EST VRAI?

RACONTE!

CA S'EST PRODUIT AU BEAU MILIEU DE L'HIVER...

JOHANNA BONE SAVAIT QUE SON BÉBÉ ÉTAIT DÛ BIENTÔT, MAIS N'AURAIT JAMAIS PENSÉ QU'IL CHOISIRAIT DE VOIR LE JOUR SI VITE...

ELLE TENTA DE LE CONVAINCRE D'ATTENDRE QUELQUES SEMAINES ENCORE, MAIS L'ENFANT N'AVAIT PAS L'INTENTION DE PATIENTER AUSSI LONGTEMPS, COMME S'IL SAVAIT QU'UNE **DESTINÉE** HORS DU COMMUN L'ATTENDAIT.

CE FUT PAR PURE COÏNCIDENCE QUE LA VIEILLE HEPZIBAH BONE S'AMENA À LA CABANE PAR CE JOUR DE VILAIN TEMPS, VENUE EMPRUNTER DES **POMMES DE TERRE** POUR PRÉPARER UN RAGOÛT.

TOUT VA BIEN, MA FILLE. HEUREUSEMENT QUE J'AI EU ENVIE D'UN **RAGOÛT**, SINON TU AURAIS ÉTÉ SEULE POUR LA VENUE DU **PETIT**!

SEULE, JOHANNA L'ÉTAIT DEPUIS QUE SON ÉPOUX JEBIDIAH BONE ÉTAIT PARTI À LA CHASSE À LA FIN DE L'HIVER PRÉCÉDENT ET QU'IL N'ÉTAIT PAS REVENU...

UNGH! DU RAGOÛT... J'EN AURAIS ENVIE EN CE MOMENT MÊME. **ARRGH**! ... JEBIDIAH RAFFOLAIT DU RAGOÛT.

PENDANT QUE JOHANNA DONNAIT NAISSANCE, UN VENT DE TEMPÊTE **HURLAIT** À L'EXTÉRIEUR COMME POUR PRÉVENIR LE NOUVEAU-NÉ QUE L'EXISTENCE N'AVAIT RIEN DE **DOUILLET**, QUE LA VIE ÉTAIT **RUDE** EN CETTE CONTRÉE SAUVAGE ET QU'IL FALLAIT MONTRER DU **RESPECT** AUX **ÉLÉMENTS**.

WWOOOOooooOOooo

EN PARTICULIER, À L'**HIVER**.

OOoooWW

ÉCOUTEZ CE **VENT**. ON CROIRAIT QU'UNE MEUTE DE **LOUPS** SE TROUVE DE L'AUTRE CÔTÉ DE LA PORTE, PRÊTE À **ENTRER**.

18

IL EST PARTI.

JOHANNA, MA CHÉRIE... TU ES TROP FAIBLE. TU DOIS RETOURNER AU CHAUD. JE VAIS RETROUVER LE PETIT.

NON, ATTENDS !

IL ME FAUT UNE POMME DE TERRE !

UNE POMME DE TERRE ? **POUR QUOI** FAIRE ?

PAUVRE PETITE ! ELLE N'A PLUS TOUTE SA **TÊTE**. JE VAIS DEVOIR RETROUVER LE PETIT TOUTE SEULE.

L'HIVER, QUI AVAIT ENLEVÉ À JOHANNA SON ÉPOUX, VENAIT ÉGALEMENT DE LUI ENLEVER SON FILS. MAIS UNE VOIX INTÉRIEURE LUI DISAIT QU'IL NE POURRAIT LE **GARDER** LONGTEMPS. SON GARÇON ÉTAIT UN **BATTANT**.

PLOP!

BONJOUR, PETIT JOHNSON BONE !

JE SUIS LE **BONHOMME HIVER** !

TU NE ME SEMBLES PAS SI FORT OU SI SPÉCIAL !

JE SUIS L'**HIVER** ! LA PLUS RUDE DES SAISONS ET **NUL** NE PEUT...

BONK !

HA! HA! HA!

NUL NE PEUT CONTESTER MON **POUVOIR**!

QUOI ?!!!

PAT
PAT
PAT

ENTRE-TEMPS, **HEPZIBAH** ÉTAIT AU BORD DU DÉSESPOIR...

JE NE TROUVERAI JAMAIS LE **PETIT** PAR CE TEMPS. SI LA **TEMPÊTE** POUVAIT CESSER...

ALORS, UN **MIRACLE** SE PRODUISIT.

GRÂCE AU CIEL! LE VENT ET LA NEIGE ONT **DISPARU**!

ET LE **SOLEIL** PERCE LES NUAGES!

SNIFF! SNIFF!

GRAND DIEU! C'EST **JOHNSON BONE**!

PETIT, OÙ VAS-TU?

PARDI, ON LE DIRAIT SUR LA PISTE DE QUELQUE **BÊTE**!

SNIFF!

SNIFF! SNIFF!

IL N'EST SUR LA PISTE D'AUCUNE BÊTE... IL FLAIRE **LE RAGOÛT DE POMMES DE TERRE** DE SA MÈRE!

J'ÉTAIS **SÛRE** QUE MON FILS NE RÉSISTERAIT PAS AU DÉLICIEUX ARÔME DE MON **RAGOÛT**!

ENTRE, QUE JE TE SERVE!

N'EST-IL PAS MIGNON? NOUS N'AVONS PAS ÉTÉ PRÉSENTÉS DANS LES FORMES : JE SUIS TA MAMAN!

MAM'!

JOHANNA AVAIT LE SENTIMENT QUE CE BÉBÉ ÉTAIT SPÉCIAL...

JE SUIS SI HEUREUSE DE FAIRE TA CONNAISSANCE, JOHNSON BONE!

BONN' MAM'!

D'INSTINCT, ELLE SAVAIT QUE SI QUELQU'UN POUVAIT DONNER UNE LEÇON À **BONHOMME HIVER**, CE SERAIT SON FILS, **JOHNSON BONE**!

... ET VOILÀ POURQUOI, MES PETITS AMIS, NOUS AVONS LE **PRINTEMPS** !

SANS BLAGUE ?

C'EST VRAIMENT COOL !

JE N'EN CROIS **RIEN** !

DU CALME, TODD !

DITES, POURQUOI **BARTLEBY** NE RACONTE PAS UNE HISTOIRE ?

MOI ? MAIS LES RATS-GAROUS SONT NULS QUAND IL S'AGIT DE RACONTER DES HISTOIRES.

JE RACONTERAIS QUOI ?

TU M'AS DÉJÀ PARLÉ D'UN **MONSTRE** QUE **CRAIGNENT** TOUS LES RATS-GAROUS !

TU PARLES DU JEKK ? C'EST À CAUSE DU **JEKK** QUE NOUS N'AVONS PAS DE QUEUE !

RACONTE-NOUS POURQUOI LES RATS-GAROUS N'ONT PAS DE QUEUE !

CE N'EST QU'UNE LÉGENDE. JE SUIS SÛR...

RACONTE !

ENFIN, UNE **VRAIE** HISTOIRE !

26

À NOTRE NAISSANCE, NOUS AVONS UNE LONGUE QUEUE SANS POILS QUE L'ON NOUS COUPE LE JOUR DE NOTRE PREMIER ANNIVERSAIRE.

ÉPATANT! LES RATS-GAROUS ONT UNE QUEUE ET ON VOUS LA COUPE...

POURQUOI ?!

SI ON NE LE FAIT PAS, LE JEKK VIENDRA NOUS TIRER PAR LA QUEUE AU MILIEU DE LA NUIT.

FIN DE L'HISTOIRE.

LA FIN ?

ATTENDS... C'EST TOUT ?

OUAIS, NAVRÉ. JE VOUS AI PRÉVENUS QU'UN RAT-GAROU NE SAIT PAS RACONTER UNE HISTOIRE.

TU DEVRAIS NOUS EN RACONTER UNE AUTRE, SMILEY.

OUI, JE T'EN PRIE!

UNE AUTRE!

D'ACCORD! ENCORE UNE. VOICI L'HISTOIRE DU GRAND JOHNSON BONE CONTRE...

... LA GOBETOURTE!!

MAIS TU AS **À PEINE** MANGÉ!

COMMENT POURRAS-TU TRIOMPHER DES AUTRES GARÇONS AFFAMÉS DU COMTÉ SI TU N'ASSOUPLIS PAS LES **MUSCLES** DE TON **VENTRE**?

T'INQUIÈTE PAS DE MON VENTRE! J'AIME LE TAQUINER UN PEU AVANT DE LE SOUMETTRE À LA VÉRITABLE ÉPREUVE, N'EST-CE PAS, L'AMI?

SMURGLE
GURGLE

BON, JE FERAIS MIEUX D'Y ALLER!

AMUSE-TOI BIEN, FISTON! ET ESSAIE DE NE PAS **TROP** EMBARRASSER CES PAUVRES GARÇONS! UN GOÛTER T'ATTENDRA À TON RETOUR!

MERCI, MAM'! JE REVIENDRAI DÉCORÉ DU **RUBAN BLEU**!

LE GRAND JOHNSON BONE AVAIT REMPORTÉ LE GOINFRE-THON QUATORZE ANNÉES DE SUITE ET N'AVAIT PAS L'INTENTION DE CÉDER SA PLACE.

BONJOUR À TOUS! VOUS ALLEZ À LA **FOIRE**?

POUR ADMIRER **TES EXPLOITS**, GRAND JOHNSON. VAS-TU MANGER ENCORE TON POIDS EN SAUCISSONS?

COMBIEN DE **TOURTES AUX FRUITS** VAS-TU AVALER, GRAND JOHNSON?

MON PÈRE DIT QUE **NUL** NE PEUT MANGER AUTANT QUE **TOI**, GRAND JOHNSON!

TON PÈRE EST UN PETIT MALIN! JE SUIS SI AFFAMÉ QUE JE VAIS TOUT **BOUFFER** JUSQU'À CE QU'IL NE RESTE **PLUS UNE MIETTE** ET, APRÈS, JE VAIS EN **REDEMANDER**!

OUAH! TU ES VRAIMENT **EN APPÉTIT**!

J'AI DÉJÀ MANGÉ UN INSECTE, J'AI VITE VOMI.

VOYEZ! C'EST JOHN!

J'AI VOMI **PLUSIEURS** FOIS.

MES JOLIES.

BONJOUR JOHN.

TU VAS GAGNER, DIS JOHN?

BIEN **SÛR** QU'IL VA GAGNER! COMMENT PEUX-TU **POSER** UNE TELLE QUESTION? PAS VRAI, JOHN?

LES REVOILÀ QUI SE RÉPANDENT EN COMPLIMENTS DEVANT LUI, COMME S'IL ÉTAIT TELLEMENT **SPÉCIAL**!

FOIRE PAR LÀ

NOUS VERRONS BIEN QUI ELLES COMPLIMENTERONT À LA FIN DU *GOINFRE-THON*! NOUS VERRONS SI LE *GRAND JOHNSON BONE* SE PAVANERA AUTANT LORSQUE JE PORTERAI LE *RUBAN BLEU*!

TOI? TU RIGOLES? JE PORTE INTENTIONNELLEMENT DU *BLEU* AUJOURD'HUI AFIN QUE LE RUBAN SOIT HARMONISÉ À MA *TENUE*!

OUAIS, JOHNSON BONE VA RENTRER CHEZ LUI *EN PLEURS* CETTE ANNÉE!

FOIRE PAR LÀ--

GRAND JOHN! TE *VOILÀ*, MON GARÇON! LA *FIERTÉ* DU COMTÉ DE BONE!

VIENS! VIENS! L'ÉPREUVE VA BIENTÔT *COMMENCER*!

SONNE LE COR, ALGERNON!

SNIIIIFF!

AH! JE SENS D'ICI L'ODEUR SUCRÉE DES CÔTES LEVÉES, MONSIEUR LE MAIRE!

BRAAAPPP

ATTENTION, TOUT LE MONDE! PRENEZ PLACE, LE *GOINFRE-THON* VA BIENTÔT COMMENCER!

VEUILLEZ M'EXCUSER, MES JOLIES. J'AI UNE *ÉPREUVE* DE *GLOUTONNERIE* À REMPORTER.

ON DIT QUE TU AS DE LA CONCURRENCE, CETTE ANNÉE, JOHN. MAIS TU N'EN FERAS QU'UNE BOUCHÉE, PAS VRAI ? NOUS **COMPTONS** TOUS SUR TOI !

JE NE CRAINS PAS LA COMPÉTITION, MONSIEUR LE MAIRE. POURVU QU'ILS SACHENT QU'ILS NE PEUVENT PAS GAGNER... **D'AUCUNE FAÇON !**

EUH, CE N'EST PAS CE QU'ELLE PRÉTEND.

ELLE ?

OUI, ELLE ! JE M'APPELLE **GERTIE**, MAIS ON ME SURNOMME LA **GOBETOURTE** EN RAISON DE LA **VORACITÉ** AVEC LAQUELLE JE PEUX GOBER UNE VASTE QUANTITÉ DE **TOURTES AUX FRUITS**...

... SANS PARLER D'**AUTRES** SORTES D'**ALIMENTS** !

AINSI, C'EST TOI LE GRAND **JOHNSON BONE** ! ON DIT QUE TU ES UN CONCURRENT DE TAILLE...

... MAIS IL DOIT S'AGIR D'UN **AUTRE** GRAND JOHNSON BONE, CAR TU NE FAIS **PAS LE POIDS !**

JE VAIS TE FAIRE MORDRE LA **POUSSIÈRE !**

HAW!

OH HO !

ELLE EST GÉNIALE.

C'EST TA **RIVALE**. GERTIE VIENT DU COMTÉ **VOISIN**.

À PRÉSENT, MONTE SUR CETTE PLATE-FORME ET **GAGNE** CE CONCOURS !

SONNE LE COR, ALGERNON !

PRENEZ PLACE, MES AMIS ! LA PREMIÈRE RONDE DU GOINFRE-THON VA COMMENCER ! QU'ON APPORTE...

LES CÔTES LEVÉES !

BRAAAP

GOINFRE-THON

GO!

GOB! GLUB!

SLURP!

GARF!

LE SON DU COR LE SORTIT DE SA STUPEUR ET LE GRAND JOHNSON BONE SE RAPPELA POURQUOI IL ÉTAIT LÀ...

PEU IMPORTAIT LA BEAUTÉ DE CETTE RIVALE, IL LUI FALLAIT GAGNER LE RUBAN BLEU. C'ÉTAIT UNE QUESTION DE **FIERTÉ** !

DEUXIÈME RONDE...
LES SANDWICHES GÉANTS !

36

CE FUT LA DERNIÈRE FOIS OÙ LE GRAND JOHNSON BONE VIT SA CHÈRE GOBETOURTE.

GERTIE AVAIT ÉTABLI UN NOUVEAU RECORD MONDIAL EN MATIÈRE DE QUICHES AUX ASPERGES ET DE TOURTES AUX PÊCHES AVANT DE SE PROPULSER VERS LA LUNE AVEC LA PLATE-FORME.

CERTAINS AFFIRMENT QU'ELLE S'Y TROUVE TOUJOURS.

PAR LA SUITE, LE GRAND JOHNSON BONE FUT SI DÉPRESSIF QU'IL ERRA DANS LA FORÊT PENDANT DIX ANNÉES.

ON DIT QU'IL VÉCUT DES **AVENTURES EXTRAORDINAIRES**!

RACONTE-NOUS!

JE NE PEUX PAS. C'EST UN **MYSTÈRE**. NUL NE SAIT OÙ IL SE **REND** OU CE QU'IL **FIT**...

JUSQU'AU MOMENT OÙ IL ÉTABLIT SON FAMEUX POSTE DE TRAITE SUR LA SINUEUSE RIVIÈRE BONE.

WOUAH! QUE DIS-TU DE CETTE HISTOIRE, TODD?

JE SUIS BOUCHE BÉE.

BIEN. NOUS FERIONS MIEUX DE NOUS COUCHER. UNE LONGUE EXPÉDITION NOUS ATTEND, DEMAIN.

AH!

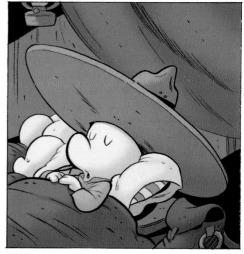

QUI AURAIT CRU QU'ILS S'EXCITERAIENT AUTANT POUR UNE PARTIE DE **CARTES** ?

J'Y AI GAGNÉ QU'UN **SINGE** !

HUM, OUI, UN SINGE. ET PERMETTEZ-MOI DE VOUS RAPPELER QUE CE SINGE A UN **NOM** : MONSIEUR PIP. ET VOUS AVEZ **TRICHÉ** !

JE T'AI GAGNÉ SELON LES RÈGLES, MONSIEUR POP !

PIP ! J'AI DIT **PIP** !

PEU IMPORTE. LA CHANCE ME SOURIAIT ET M'A ACCORDÉ UN **JEU GAGNANT**. POINT À LA LIGNE.

SI VOUS NE TRICHIEZ **PAS**, COMMENT EXPLIQUEZ-VOUS LA PROVENANCE DE **L'AS DE PIQUE** QUI EST TOMBÉ DE VOTRE MANCHE LORSQUE VOUS AVEZ VOULU PRENDRE VOS GAINS ?

UNE ANECDOTE **INTÉRESSANTE**, CROYEZ-MOI. TOUT A COMMENCÉ VOILÀ DEUX ÉTÉS ALORS QUE JE CHASSAIS LE CASTOR AU SUD DE LA RIVIÈRE DES MOUCHES-PUANTES. UNE RIVIÈRE QUI NE S'APPELLE PAS COMME ÇA POUR RIEN...

... ÇA FAISAIT DES MOIS QUE JE N'AVAIS RIEN MANGÉ ET J'ÉTAIS D'HUMEUR PLUTÔT GRINCHEUSE...

... APRÈS COUP, ON M'A DÉCLARÉ **GAGNANT**, MAIS JE SAVAIS QUE C'ÉTAIT CUIT. ALORS, J'AI PRIS L'OPOSSUM EMPAILLÉ...

... ET **QU'EST-CE QUE JE VOIS** À MES PIEDS ? PAREIL À UN NEUF MALGRÉ L'EXPLOSION QUI AVAIT SOUFFLÉ DES ARPENTS DE FORÊT... VOUS L'AVEZ DEVINÉ : UNE CARTE À JOUER – PLUS PRÉCISÉMENT UN **AS DE PIQUE**.

JE L'AI RAMASSÉ ET L'AI GLISSÉ DANS MON MANTEAU AU CAS OÙ QUELQU'UN LE RÉCLAMERAIT.

EST-CE QUE ÇA RÉPOND À TA QUESTION ?

HUMF ! INCAPABLE D'APPRÉCIER UNE BONNE HISTOIRE. C'EST LA DERNIÈRE FOIS QUE JE GASPILLE MA SALIVE POUR DES **TYPES PAREILS**.

... ET C'EST COMME ÇA QU'ON A SU QUE L'ASPERGE POUVAIT PROVOQUER UNE EXPLOSION À L'INTÉRIEUR D'UN SYSTÈME DIGESTIF DÉLICAT.

ENCORE UNE HISTOIRE ÉPATANTE. NOUS TRAÇONS UNE CARTE ? J'IMAGINE QU'ON A UNE MINCE **POSSIBILITÉ** DE TROUVER LE **CHEMIN DU RETOUR**.

J'IGNORAIS QU'UN SINGE POUVAIT ÊTRE SI INSOLENT. AVOIR **SU**, J'AURAIS CHOISI LES **BOTTES** DE TON ANCIEN MAÎTRE.

D'AILLEURS, NOUS NE RETOURNONS PAS D'OÙ NOUS VENONS. JE TRACE LA CARTE DE LÀ OÙ NOUS **ALLONS** !

COMMENT POUVEZ-VOUS DESSINER LA CARTE D'UN ENDROIT OÙ VOUS N'ÊTES JAMAIS ALLÉ ?

ON VOIT QUE TU IGNORES **TOUT** DE L'EXPLORATION DE TERRITOIRES INCONNUS.

MOI, PAR CONTRE, IL SE TROUVE QUE **JE** SUIS L'UN DES PLUS GRANDS EXPLORATEURS DU MONDE.

CRUDONIA ? LE PAYS SANDWICH ? LA **VALLÉE DES SAUCISSES-À-LA-CHOUCROUTE** ? CES NOMS TE DISENT-ILS QUELQUE CHOSE, MONSIEUR FLOP ?

JE N'ARRIVE PAS À CROIRE QUE J'APPARTIENS DÉSORMAIS À UN CINGLÉ.

TOUT **JUSTE**. AUSSI, N'ÉCARTE PAS SI VITE LA PRÉSENCE DES FANTÔMES, MONSIEUR PAP. JE CONNAIS CES DIABLES MIEUX QUE TOI.

JE SUIS TROP JEUNE POUR MOURIR !

IL SUFFIT DE...

LEUR MONTRER QUI EST LE PATRON. C'EST TOUT !

TIENS-TOI BIEN, PIP ! CA VA BRASSER !

SAPRISTI

PRÊT ? C'EST PARTI !

YAH!

YAH!

HA! HA! HA!

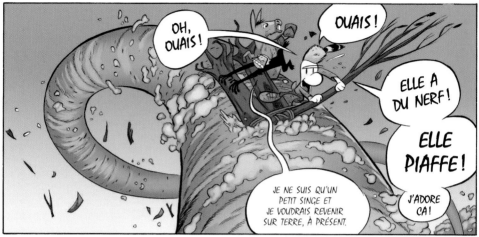

OH, OUAIS !

OUAIS !

ELLE A DU NERF !

ELLE PIAFFE !

J'ADORE ÇA !

JE NE SUIS QU'UN PETIT SINGE ET JE VOUDRAIS REVENIR SUR TERRE, À PRÉSENT.

C'EST ÇA, OUSTE ! J'EN AVAIS FINI AVEC TOI DE TOUTE FAÇON !

JE N'AI PLUS ENVIE DE FAIRE LE TOURBILLON.

HA ! HA ! COMME DANS LE BON VIEUX TEMPS, HEIN FLEURETTE ?

QUELLE **AVENTURE** ! AVEC UN PARFUM DE HASARD EN PRIME !

MOI, JE SENS PLUTÔT L'ODEUR DE DÉCHETS POURRISSANT AU SOLEIL.

RIEN À REDIRE DE CETTE ODEUR. RIEN. ELLE **FOUETTE** LE SANG.

EXPLORONS LES ENVIRONS POUR VOIR OÙ NOUS SOMMES.

DES TAS DE PIERRES ET DES ARBUSTES... JE CROIS QU'IL Y A UN ARBRE AUX FRAISES LÀ-BAS.

DES MONSTRES !

NAN, PAS DE **MONSTRES**. CROIS-MOI, JE SAIS RECONNAÎTRE UN MONSTRE QUAND J'EN VOIS UN.

46

OUPS!
EN VOILÀ UN!

HISSS

MON CŒUR!

FICHONS LE CAMP, FLEURETTE!
CES GARS NE SONT PAS
VENUS PRENDRE LE THÉ!

MAMAN,
JE NE VEUX PAS
BOSSER AU CIRQUE!

SSSSS!

NE TE RETOURNE PAS,
À MOINS DE VOULOIR
ÉCOURTER TA VIE
DE DIX ANS.

GAGNÉ AU POKER,
EMPORTÉ PAR UNE
TORNADE ET MAINTENANT
POURSUIVI PAR
DES MONSTRES...

QUI AI-JE OFFENSÉ
POUR MÉRITER
UN TEL SORT?

AVOUEZ
QU'ON NE
S'ENNUIE PAS!

48

VOUS NE POUVEZ PAS ACCÉLÉRER ? ILS NOUS RATTRAPENT !

MAIS QUE FAITES-VOUS ?! DEBOUT ! LES MONSTRES SERONT LÀ DANS UN MOMENT !

JE PENSE LES AVOIR SEMÉS.

VOUS DEVEZ NOUS SORTIR D'ICI !

IL FAUT D'ABORD SAVOIR OÙ CETTE TORNADE NOUS A DÉPOSÉS.

ALORS ? SELON VOUS ? NOUS SOMMES AU PAYS DE LA MORTADELLE OU DANS LA VALLÉE DES VENTS VIOLENTS ?

NAN. NI L'UN NI L'AUTRE...

EN CE MOMENT, J'AIMERAIS MIEUX ME TROUVER DEVANT UN *GRIZZLY* QUE DEVANT CES... CES *MONSTRES* !

MONTREZ-VOUS, VERMINES ! C'EST MOI, LE GRAND JOHNSON BONE ET VOICI MON *COUTEAU* !

ROULEZ-MOI DANS LA FARINE ET FAITES-MOI FRIRE EN BEIGNET... *VOUS* N'ÊTES PAS DES MONSTRES, VOUS !

BEIGNET ? JE N'AI PAS MANGÉ CE MATIN.

J'AI LE VENTRE CREUX.

DES MONSTRES ? NOUS N'AVONS PAS VU DE MONSTRES.

JE PARIE QUE LES MONSTRES PRENNENT LE DÉJEUNER.

UN MONSTRE A BOUFFÉ MON ONCLE GUSTAVE AU DÉJEUNER... OU ÉTAIT-CE AU DÎNER ?

QUI ÊTES-VOUS ?

VOUS ÊTES ICI À CAUSE DU VŒU DE LILY ?

CE QUE VOUS ÊTES MIGNONS...

... ET **BAVARDS**, EN PLUS.

VOUS ÊTES GRAND.

VOUS CHAUSSEZ DU COMBIEN ?

J'AI FAIM.

VOUS ÊTES QUI ?

JOLI BONNET.

VOUS ÊTES PAS D'ICI.

INCROYABLE ! LE VŒU DE LILY S'EST RÉALISÉ.

JE CROIS... QUE MA TÊTE VA EXPLOSER.

UN PEU D'ORDRE... PARLEZ CHACUN **VOTRE TOUR.**

HEU... **TOI.**

QUI ÊTES-VOUS ?

JE M'APPELLE **BONE**. LE GRAND JOHNSON BONE. JE SUIS LE **PLUS GRAND** EXPLORATEUR SUR LEQUEL VOUS POSEREZ VOS PETITS YEUX DE RONGEURS.

VOUS ÊTES VENU À NOTRE RESCOUSSE... COMME LILY L'A SOUHAITÉ ?

DE QUOI AURIEZ-VOUS BESOIN D'ÊTRE **SECOURUS** DANS UN ENDROIT AUSSI CHARMANT QU'ICI ?

À PART LES MONSTRES QUI SE TAPISSENT DANS LES ARBUSTES ?

C'EST TRÈS COMPLIQUÉ.

SUIVEZ-NOUS !

BOHÉMOND VA TOUT VOUS EXPLIQUER.

IL EST TRÈS FUTÉ.

C'EST LE GARDIEN DE CE COIN DE LA FORÊT, VOUS SAVEZ.

ALLEZ, FLEURETTE! NOUS FERIONS MIEUX DE LES SUIVRE SI NOUS VOULONS SAVOIR CE QUI SE PASSE ICI!

BIEN ENTENDU. LORSQUE TOUT A ÉCHOUÉ, ON FAIT CONFIANCE AUX SOURIS.

ALLEZ!

ALLEZ!

ALLEZ!

ALLEZ!

ALLEZ!

HÉ HO,

C'EST NOUS! ET NOUS AVONS DE LA COMPAGNIE!

C'EST LE GRAND *JOHNSON BONE!*

J'AIME LA COMPAGNIE.

J'AI FAIM.

C'EST UN EXPLORATEUR!

UN EXPLORATEUR?

ILS SONT VENUS NOUS AIDER?

C'EST CHOUETTE DE LEUR PART.

VRAIMENT GÉNIAL.

JE M'APPELLE LILY. ES-TU MON RÊVE RÉALISÉ?

LILY A FAIT UN VŒU DEVANT UNE ÉTOILE FILANTE.

LUI, C'EST PABLO, MOI RAMONA. ET VOICI PORTHOS, TROP TIMIDE POUR SORTIR DE SA CARAPACE.

RAVI DE VOUS RENCONTRER. MAIS JE SUIS ICI, CAR UNE *TORNADE* M'Y A DÉPOSÉ.

AS-TU SOUHAITÉ UNE TORNADE?

JE NE PENSE PAS.

MAIS IL EST ICI POUR SECOURIR NOS AMIS, NON?

PAS SI VITE! QU'EST-IL ARRIVÉ À VOS AMIS POUR QU'IL FAILLE LES SECOURIR?

BANZAÏ!

POW!

NOM D'UNE PIPE, **QU'EST-CE QUE...**

VOUS !

ALLEZ-VOUS-EN, ESPÈCES... D'ÉTRANGERS !

BOHÉMOND !

UNE TRÊVE, BOHÉMOND !

C'EST LE GRAND JOHNSON BONE. IL EST EXPLORATEUR.

IL EST RÉGLO, BOHÉMOND.

VOUS ÊTES BLESSÉ ?

NAN. UNE FOIS, JE ME SUIS FRAPPÉ LA TÊTE SUR LA **LUNE**. LÀ, J'AI EU MAL !

LE GRAND JOHNSON BONE ? QUELLE ESPÈCE DE **NOM** EST-CE LÀ ? QUE FAIT-IL DANS NOTRE VALLÉE ?

T'ÉNERVE PAS. C'EST UN GENTIL.

SOIS POLI, BOHÉMOND. MONSIEUR BONE VA NOUS AIDER À SECOURIR NOS AMIS.

NOUS VOULONS QU'IL **RESTE** !

HÉ !

OUAIS, BOHÉMOND, SOIS POLI !

PARDONNEZ MA CURIOSITÉ, MAIS N'ÊTES-VOUS PAS UN **DRAGON** ?

ALORS. DANS CE CAS, POURQUOI LANCER DES **PIERRES** AU LIEU DE CRACHER DU **FEU** ?

HUM. CRACHER DU FEU. UNE **OBSERVATION INTÉRESSANTE**. C'EST QUE LA PRÉSENCE DU FEU GÊNE MES VOIES RESPIRATOIRES.

LORSQUE JE M'Y RISQUE, MA **GORGE** SE SERRE ET MON ESTOMAC DÉGAGE DES **AIGREURS** ACIDES ET...

ET...?

JE SUIS TRÈS MALADE.

VOILÀ QUI TOMBE MAL QUAND ON EST UN DRAGON.

LES PETITES BÊTES DISENT QUE TU PEUX M'EXPLIQUER POURQUOI IL FAUT SECOURIR LEURS AMIS.

À CAUSE DES **RATS-GAROUS** QUI TENTENT D'AGRANDIR LEUR TERRITOIRE!

SOUDAIN, ILS SONT **PARTOUT** ET BOUFFENT **TOUS CEUX** QU'ILS TROUVENT!

LES RATS-GAROUS ONT ENLEVÉ MES PARENTS.

LES MIENS AUSSI.

LES RATS ONT ENLEVÉ MA MÈRE ET MON PÈRE, ET CEUX DE PORTHOS! IL N'EST PAS SORTI DE SA CARAPACE DEPUIS.

C'EST LA VÉRITÉ.

C'EST MA MISSION DE **PROTÉGER** LES ANIMAUX DE LA FORÊT CONTRE LES RATS... ENFIN... C'ÉTAIT MA MISSION...

UN MEMBRE DU HAUT CONSEIL DES DRAGONS S'EN VIENT POUR DÉSIGNER UN **NOUVEAU** PROTECTEUR... ON VA ME **REMPLACER**.

LE HAUT CONSEIL A COMMIS UNE ERREUR EN ENVOYANT ICI UN DRAGON LANCEUR DE PIERRES.

TU N'ES PAS À BLÂMER, BUHÉMOND.

TU AS FAIT CE QUE TU AS PU.

PERSONNE NE PEUT ARRÊTER LES RATS.

DES RATS-GAROUS, HEIN ? JE ME DEMANDE SI CES VERMINES PUANTES QUI NOUS ONT POURSUIVIS N'EN SERAIENT PAS ?

RATS-GAROUS. OUI, JE CROIS QUE C'EST UN NOM QUI LES DÉCRIT BIEN.

AVAIENT-ILS DES **DENTS** AUSSI **POINTUES** QUE LES MIENNES ?

... ET DE TRÈS LONGUES **GRIFFES** ?

ET DE VILAINES QUEUES, PAS JOLIES COMME LA MIENNE ?

JE DIRAIS QUE OUI.

INQUIÉTANT. ILS PÉNÈTRENT DE PLUS EN PLUS DANS LA VALLÉE !

N'ÉBOURIFFE PAS TES ÉCAILLES, BOHÉMOND ! QUE JE TIRE UNE BOUFFÉE DE MA PIPE ET QUE JE RÉFLÉCHISSE... J'AURAI PEUT-ÊTRE LE DÉBUT D'UNE IDÉE.

PITIÉ, QUELQU'UN ! ACHEVEZ-MOI MAINTENANT.

CE N'EST PAS FACILE D'OCCUPER MA POSITION, VOUS SAVEZ.

C'EST DÉJÀ DUR D'ÊTRE VEUVE ET PARENT UNIQUE...

MAIS **REINE**, PAR-DESSUS LE MARCHÉ... IL Y A DE QUOI ATTRAPER UNE ATTAQUE.

VOUS NE SAVEZ PAS COMBIEN JE ME RÉJOUIS À L'AVANCE. AVEC VOUS, JE NE SUIS QU'UNE **FEMELLE** COMME LES AUTRES.

OUI, REINE MAUDE. VOTRE QUEUE EST PARTICULIÈREMENT RAVISSANTE AUJOURD'HUI.

VOUS SAVEZ QUELLE IMPORTANCE J'Y ATTACHE. LE ROI AVAIT L'HABITUDE DE DIRE QU'ON PEUT JUGER UN RAT-GAROU À L'ÉTAT DE SA QUEUE.

IL ME MANQUE TANT. QUI AURAIT CRU QU'UNE CÔTE DE PORC AVARIÉE SERAIT AUSSI **MORTELLE**?

BEAU TRAVAIL ! MIEUX QUE CELLE QUI T'A PRÉCÉDÉE.

J'AI ÉTÉ ÉMUE EN LA CONDAMNANT À MORT.

MERCI, VOTRE MAJESTÉ.

HÉ !

DAIGNEZ NOUS PARDONNER, Ô BELLE REINE !

NOUS SOMMES VENUS LE PLUS VITE POSSIBLE, VOTRE MAJESTÉ ! DU MOINS, MOI. IL, SE DISAIT FATIGUÉ. FATIGUÉ, LUI AI-JE DIT. COMMENT PEUX-TU...

SILENCE !

POURQUOI N'ÊTES-VOUS PAS EN TRAIN D'AGRANDIR NOTRE TERRITOIRE ? ET VOYEZ COMME VOS QUEUES SONT SALES !

NOUS N'AVONS PAS EU DE RÉPIT... NOUS AVONS OUBLIÉ... MAIS PUISQUE VOUS EN PARLEZ...

NOUS N'AVONS CESSÉ D'ÉLARGIR NOTRE TERRITOIRE COMME VOUS L'AVEZ ORDONNÉ, MAIS NOUS VENONS SIGNALER UN PHÉNOMÈNE ÉTRANGE : DES MAMMIFÈRES TOMBANT DU CIEL !

DES MAMMIFÈRES, DU CIEL ? VOILÀ QUI CHANGE DE LA ROUTINE ! OÙ SONT-ILS ?

ENFUIS, MA REINE !

J'AI BIEN TENTÉ DE LES RATTRAPER, MAIS...

QUELQUE CHOSE CLOCHE DANS CETTE HISTOIRE.

QU'UNE TROUPE SE METTE EN ROUTE ET M'AMÈNE CES CRÉATURES...

... QUI SAIT QUEL GENRE D'ENNUIS PEUVENT NOUS ATTIRER CES MAMMIFÈRES TOMBÉS DU CIEL.

ET VOILÀ **COMMENT** J'AI RÉUSSI, À L'AIDE D'UN SEUL **RAISIN** SEC, À CAPTURER **500 RATS** MUSQUÉS.

VOUS DEVEZ ÊTRE LE TRAPPEUR LE PLUS **HABILE** QUI SOIT... C'EST QUOI UN TRAPPEUR ?

QUESTION PERTINENTE.

UN TRAPPEUR EST UN INDIVIDU DOUÉ QUI CAPTURE DES BÊTES SAUVAGES POUR DIVERSES **RAISONS**. PARFOIS POUR SE NOURRIR, PARFOIS POUR SE VÊTIR...

PARFOIS, JUSTE POUR RAPPELER À CES VERMINES QUI EST **LE PLUS FUTÉ**!

C'EST MOI, AU CAS OÙ VOUS N'AURIEZ PAS DEVINÉ.

GAK! ACK!

60

C'EST LÀ MA MOTIVATION. J'AIME LEUR MONTRER QUI EST LE **PATRON**.

VOILÀ QUI EST BIEN. MAIS DITES-MOI : EN QUOI ÊTES-VOUS DIFFÉRENT DES RATS-GAROUS QUI **NOUS ATTAQUENT ?!**

D'ABORD, JE SUIS DE **VOTRE** CÔTÉ !

ET AUX RATS-GAROUS, VOUS ALLEZ LEUR MONTRER QUI EST LE PATRON ET RAMENER NOS MAMANS ET NOS PAPAS, HEIN ?

JE NE CROIS PAS AVOIR PIÉGÉ UN RAT-GAROU AVANT CE JOUR...

MINUTE ! CE N'EST PEUT-ÊTRE PAS UNE BONNE IDÉE DE LAISSER JOHNSON BONE FAIRE DU GRABUGE.

NOUS FERIONS MIEUX D'ATTENDRE L'ARRIVÉE DU **HAUT CONSEIL** DES DRAGONS !

POUR ÊTRE HONNÊTE, JE NE SAIS PAS SI JE PEUX FAIRE QUELQUE CHOSE POUR VOS PARENTS...

MAIS **GLANDER** ICI NE VA PAS MONTRER À CES MONSTRES QUI EST LE **PATRON** !

TAP! TAP!

JE DOIS PROTESTER, M. BONE.

ATTENDRE ICI FAIT DE VOUS DES **PROIES FACILES**, BOHÉMOND. NOUS DEVONS COMBATTRE LES **RATS-GAROUS**...

... ET LEUR COUPER LA **QUEUE** !

QUELLE IDÉE **AFFREUSE !**

VOUS L'*IGNOREZ* PEUT-ÊTRE, MAIS LA QUEUE DE CES BÊTES SAUVAGES LEUR FUT AJOUTÉE LORS DE LA CRÉATION AFIN QUE *JE PUISSE* LES *SAISIR* ET LES *FAIRE TOURNOYER*!

HISSS!

CE SONT LES *FORCES SUPRÊMES* MÊMES QUI L'ONT VOULU AINSI!

OUILLE!

PAS SI VITE!

PARTONS VITE!

BAM!

WAAGH!

OOOH!

TU TE RENDS BIEN COMPTE QU'IL EST BON À ENFERMER.

MM, VOUS ÊTES *MIGNONS* À *CROQUER*, PETITS MAMMIFÈRES!

UN PAS DE PLUS ET JE VOUS ÉCRASE LE CIBOULOT!

VAS-Y, *ÉCRASE-LES* SANS ATTENDRE!

ÉCRASER QUI?

AU SECOURS!

TU AS ENTENDU? UN CRI DE DOULEUR...

QUI VIENT PAR ICI!

JE SUIS LIBRE!

JE VOLE!!

OH, LE SOL QUI VIENT À MA RENCONTRE!

VITE! IL FAUT NOUS RELEVER, CAMARADE!

MERCI, MERCI BEAUCOUP. T'AI-JE DÉJÀ DIT COMBIEN TU COMPTES DANS MA VIE?

J'AI VU LE VISAGE DE LA TERREUR ET C'EST CELUI DU GRAND JOHNSON BONE.

JOHNSON BONE, EST-CE QUE ÇA VA?

TRÈS BIEN, MERCI, MA CHÈRE. PUIS-JE AJOUTER QUE VOUS ÊTES RAVISSANTE CE SOIR?

OH HO.

QU'AI-JE FAIT?

FILONS VITE AVANT QUE LE GRAND JOHNSON BONE NE RETROUVE SES ESPRITS!

NOUS NE POUVONS NOUS PRÉSENTER À LA REINE LES MAINS VIDES!

À L'AIDE!

JE NE VEUX PAS ENTRER DANS CE SAC!

ILS S'EMPARENT DE LILY ET DE PABLO... C'EST TROP **AFFREUX**!

QU'EST-CE QUI NE VA PAS AVEC LUI?

A-T-IL TROP BU?

AH, CHÈRE GWENDOLYNE! LE MONDE EST **PLUS BEAU** QUAND JE SUIS PRÈS DE TOI! UN, DEUX-TROIS, UN, DEUX-TROIS...

ILS S'ENFUIENT!

CES PETITES CRÉATURES N'ONT RIEN D'EXTRA QUI EST CE GRAND JOHNSON BONE ?

QUE JE VOUS EXPLIQUE, BONNE REINE...

RIEN D'EXTRA ? JE PEUX ROTER L'ALPHABET !

LE GRAND JOHNSON BONE COMBAT COMME DIX DRAGONS. IL NOUS SAISIT PAR LA QUEUE...

PAR LA QUEUE ?! QUEL GENRE DE MONSTRE EST-IL ?

C'EST TROP COOL.

A-B-

IL CROIT QUE NOS QUEUES SONT DES LASSOS QU'IL PEUT MANIER À SA GUISE !

AH, QUELLE HORREUR !! IL FAUT TROUVER CE MONSTRE AVANT QU'IL NE RUINE MES PLANS DE CONQUÊTE DE LA VALLÉE !

NOUS NE VOULONS POUR ESCLAVES QUE DES CRÉATURES QUI ONT DU RESPECT POUR NOTRE QUEUE !

IL NOUS FAUT PRENDRE LES GRANDS MOYENS !

TITUS, MON CHÉRI, QUE DIRAIS MON PETIT PRINCE D'ALLER ÉCRASER DE VILAINS MAMMIFÈRES QUI DONNENT LA MIGRAINE À MAMAN ?

WOUAH ! T'AS VU SA TAILLE ?

MAMMIFÈRES... MIGRAINE À MAMAN ?! GAH ! TITUS PUNIR SALES MAMMIFÈRES ! VILAINS, VILAINS MAMMIFÈRES !

AREU !

HEU !

VOUS ÊTES **SÛR** QUE CE N'ÉTAIT PAS UN QUARTIER DE LUNE ?

J'EN SUIS SÛR. QUI EST GWENDOLYNE ?

C'EST AFFREUX, TROP AFFREUX.

TU N'AS JAMAIS SI BIEN DIT. LES RATS ONT ENLEVÉ MES MEILLEURS AMIS.

PABLO ET LILY... ILS ME MANQUENT DÉJÀ.

VOUS AVEZ VU LA **FOURRURE** DE CES BÊTES ?

OUILLE !

LE GENRE DE CHOSES QUI FAIT **BOUILLIR** LE SANG D'UN TRAPPEUR.

DE QUOI **PARLEZ-VOUS** ?

IMAGINEZ, MONSIEUR POUP : UNE ÉLÉGANTE **DAME** BONE VÊTUE D'UN MANTEAU DE RAT-GAROU OU **MONSIEUR** BONE COIFFÉ D'UN BONNET AVEC UNE QUEUE DE RAT-GAROU DESCENDANT JUSQU'AU SOL !

TARÉ !

OH, CIEL !

... OU **MIEUX** ENCORE... UN GRAND ET **GROS** BONE MORDANT À BELLES DENTS DANS UN **SANDWICH** AU RAT-GAROU ! CES VERMINES PUANTES POURRAIENT VALOIR LEUR **PESANT D'OR** !

MAIS, MONSIEUR BONE, LILY ET PABLO, VOUS ALLEZ LES SECOURIR, N'EST-CE PAS ?

?

BIEN SÛR QUE JE VAIS LES SECOURIR, RAMONA ! JE SUIS LE GRAND JOHNSON BONE, APRÈS TOUT !

ET COMMENT SAUVE-T-ON DEUX PETITS DES GRIFFES DE PLUSIEURS MONSTRES CARNIVORES ?

TRÈS SIMPLE, MONSIEUR PLOP ! DE LA MANIÈRE DONT J'AI SAUVÉ LA BELLE REINE **HOO-HAA** DES GRIFFES D'OGRES CARNIVORES !

IL A PERDU LA TÊTE ! ET C'EST À CAUSE DE MOI !

CESSEZ DE VOUS BLÂMER, BOHÉMOND ! ESSAYEZ PLUTÔT DE M'AIDER À RETROUVER CES PETITS.

MOI ? VOUS AIDER ? JE N'ARRIVE MÊME PAS À CRACHER DU FEU SANS M'ÉTOUFFER.

NE VOUS EN FAITES PAS ! CHACUN DE VOUS TIENDRA UN RÔLE IMPORTANT DANS MON PLAN INGÉNIEUX EN VUE DE LIBÉRER PABLO ET LILY.

OH, **ÇA SUFFIT !** CE NE SONT QUE DES ENFANTS ! EN QUOI POURRAIENT-ILS NOUS AIDER ?

JE SUIS TOUT PETIT.

SELON MOI, VOUS AVEZ PERDU LA TÊTE IL Y A TRÈS LONGTEMPS, MAIS VOUS ALLEZ SÛREMENT ME RACONTER UNE HISTOIRE **RIDICULE** SELON LAQUELLE VOUS L'AVEZ PERDUE, PUIS RETROUVÉE SUR LA CIME DE LA PLUS HAUTE MONTAGNE DU MONDE !

EN FAIT, JE L'AI PERDUE EN CHERCHANT DE L'OR DANS LE GRAND NORD, MAIS JE L'AI RETROUVÉE GRÂCE À UN SHERPA NOMMÉ **BENNY**. MAIS C'EST UNE AUTRE HISTOIRE ! NOUS DEVONS RETROUVER LES PETITS.

BINK !

ASSEZ! J'EN AI **ASSEZ** ENTENDU! LE GRAND NORD ET UN GENTIL SHERPA... POURQUOI **JE** N'Y AI PAS PENSÉ PLUS TÔT?

À PRÉSENT, PLUS RIEN NE PEUX ME SURPRENDRE... ALORS, DITES-MOI... **COMMENT** FEREZ-VOUS POUR LIBÉRER LILY ET PABLO DES GRIFFES DES RATS-GAROUS?

D'ORDINAIRE, PAREILLES CRÉATURES RAPPORTENT LEURS PROIES À LEURS **TANIÈRES**. NOUS ALLONS LES PISTER JUSQU'À LEURS REPAIRES, NOUS EMPARER DE LILY ET PEDRO ET NOUS **ENFUIR** AVEC EUX!

MAIS... NOUS DEVONS AGIR **SANS BRUIT**, CAR CES VERMINES PEUVENT DEVENIR **TRÈS FÉROCES** SI ON INTERROMPT LEUR **FESTIN**!

ALORS, QUI VEUT M'ACCOMPAGNER?

QUOI? QUELQU'UN A UNE **MEILLEURE** IDÉE? JE VOUS ÉCOUTE... ET SI ÇA NÉCESSITE VINGT LIVRES DE **LARD** ET UNE **MONTGOLFIÈRE**, JE PEUX TOUT DE SUITE VOUS DIRE QUE ÇA NE FONCTIONNERA PAS.

NOUS AVONS **PEUR**, JOHNSON BONE. LES RATS-GAROUS TERRORISAIENT DÉJÀ CETTE VALLÉE BIEN **AVANT** NOTRE NAISSANCE.

SÉRIEUSEMENT, QUELLES CHANCES AVIONS-NOUS CONTRE EUX?

... IL N'Y A AUCUNE RAISON DE CRAINDRE CES STUPIDES QUEUES DE RATS, MAIS **JE** COMPRENDS.

VOUS NE ME CROIREZ **PAS**, MAIS MÊME LE GRAND JOHNSON BONE A CONNU LA PEUR.

UNE SEULE FOIS.

ÇA S'EST PRODUIT QUAND J'ÉTAIS **JEUNE**... NON, ATTENDEZ... JE VENAIS D'AVOIR... EUH... JE N'ARRIVE PAS À M'EN SOUVENIR PRÉCISÉMENT, MAIS JE SUIS SÛR D'AVOIR **DÉJÀ** EU PEUR UNE FOIS.

HUM...

C'EST QUE LA PEUR EST PAREILLE À UNE **VIEILLE BÊTE**... ELLE SE CONFOND AU PAYSAGE ET **DÉTEINT** SUR VOUS AVANT MÊME QUE VOUS NE VOUS EN APERCEVIEZ!

LA PEUR VOUS ENLÈVE L'ENVIE DE VOIR CE QUI SE TROUVE DE L'AUTRE CÔTÉ DE LA MONTAGNE, CAR VOUS NE VOULEZ PAS RISQUER D'AVOIR PEUR, ET ÇA C'EST CONTRE-INDIQUÉ POUR UN **EXPLORATEUR** COMME MOI!

ALORS, IL FAUT **DÉCIDER**. LAISSEREZ-VOUS LA PEUR VOUS EMPÊCHER D'AVANCER? OU ALLEZ-VOUS LA **MUSELER** ET POURSUIVRE VOTRE **ROUTE**?

PEUT-ÊTRE AVEZ-VOUS DÉJÀ PRIS VOTRE **DÉCISION**?

BIEN! VOUS RESTEREZ ICI ET J'IRAI LES LIBÉRER SEUL!

MONSIEUR BONE?

J'EN AI **ASSEZ** D'AVOIR PEUR. JE VEUX LA VAINCRE ET ALLER AVEC VOUS. JE VEUX RETROUVER MES **AMIS**!

MAIS, PORTHOS, LES **RATS-GAROUS**... TU NE PEUX...

JE PEUX!! QU'ON ME DONNE UN **BÂTON**!

POURQUOI AI-JE SOUDAIN L'IMPRESSION QUE LA RAISON VIENT DE NOUS DÉSERTER ?

VITE, MESDEMOISELLES...

OUI, REINE MAUDE.

PUIS-JE SOULIGNER QUE VOUS ÊTES **EN BEAUTÉ** POUR CE DISCOURS, REINE MAUDE ? VOTRE PEUPLE VOUS ATTEND...

QUEL DOMMAGE ! TANT DE BEAUTÉ **GÂCHÉE** AU SERVICE DE L'ÉTAT... MAIS COMMENT TROUVER UN COMPAGNON QUI PUISSE RIVALISER AVEC FEU MON ÉPOUX....

IL ÉTAIT **GÉNIAL**. VRAIMENT. CERTAINS JOURS, IL ME MANQUE...

MAIS LES JOURS OÙ JE RÈGNE EN **SOUVERAINE** ABSOLUE...

... JE REGRETTE QU'IL N'AIT PAS BOUFFÉ PLUS TÔT DE PORC AVARIÉ !

RAH!

RAH! RAH!

MES SUJETS, VOTRE REINE A **BESOIN** DE VOUS !

YAAY! HUZZAH!

74

NE M'OUBLIEZ PAS!

MOI AUSSI, J'EN AI ASSEZ D'AVOIR PEUR! JE VOUS ACCOMPAGNE!

JE N'EN CROIS NI MES YEUX NI MES OREILLES!

J'ESPÈRE QUE VOUS ÊTES CONTENT BONE! TOUS CES PETITS MARCHERONT À LA MORT EN VOTRE COMPAGNIE.

PERSONNE NE VA MOURIR. J'Y VEILLERAI.

JE VEUX ME BATTRE!

JE NE CONTRÔLE PLUS RIEN. PAS ÉTONNANT QUE LE HAUT CONSEIL M'AIT MIS À L'ÉPREUVE!

RAMONA, HÉ HO C'EST DES RATS-GAROUS QU'ON PARLE! DE GRANDES DENTS, DE LONGUES GRIFFES, TU TE SOUVIENS?

IL ME FAUT AUSSI UN BÂTON... TRÈS LONG!

NOUS PERDONS UN TEMPS PRÉCIEUX ICI.

IL EST TEMPS DE PARTIR!

C'EST LE MEILLEUR PLAN QUI VOUS SOIT VENU? JE ME SENTIRAIS À PEINE PLUS MAL SI NOUS ALLIONS NOUS JETER DU HAUT D'UNE FALAISE.

MONSIEUR POP, JE VEUX QUE VOUS RESTIEZ ICI AVEC FLEURETTE, LES SOURIS ET LE DRAGON.

S'IL NOUS ARRIVE MALHEUR, JE VEUX QUE QUELQU'UN PUISSE RACONTER CE QU'IL EST ADVENU DU GRAND JOHNSON BONE PARTI COMBATTRE LES TERRIBLES RATS-GAROUS.

JE PEUX FAIRE ÇA.

76

C'EST DE LA FOLIE, DE LA FOLIE PURE!

MAÎTRISE TES ÉMOTIONS, BOHÉMOND.

JE SUIS **TOUJOURS** LE GARDIEN DE CETTE ZONE DE LA FORÊT. JE **T'INTERDIS** D'Y ALLER!

JE T'EN PRIE!

TU N'AS PAS À T'INQUIÉTER. NOUS SERONS DE RETOUR AVANT QUE TU NE T'ENNUIES DE NOUS.

JE NE VEUX PAS QUE VOUS MOURIEZ.

NE TE FAIS PAS DE SOUCI POUR NOUS! **D'AILLEURS, J'AI** DÉJÀ ÉTÉ MORT UNE FOIS... ET ÇA NE M'A RIEN FAIT DU TOUT. **ADIOS!**

ADIOS!

ILS SONT PARTIS.

ILS VONT PEUT-ÊTRE RÉUSSIR... ENTRER DANS CES GROTTES ET **SAUVER** CES PETITS ET... ET...

... ÇA SEMBLE BEAUCOUP PLUS CRÉDIBLE LORSQUE C'EST LE GRAND JOHNSON BONE QUI L'AFFIRME. J'AI PRESQUE CRU QUE ÇA POUVAIT ÊTRE VRAI.

PRESQUE...

MAIS, JOHNSON BONE, COMMENT VOUS ÊTES VOUS LIBÉRÉ DE TOUTE CETTE NEIGE APRÈS L'AVALANCHE ?

C'EST MON PENCHANT POUR LE **POTAGE** QUI M'A SAUVÉ...

VOTRE PENCHANT POUR LE **POTAGE** VOUS A SAUVÉ D'UNE AVALANCHE ?

QUAND ON AIME LE POTAGE, ON DOIT AVOIR SES COUVERTS EN PERMANENCE SUR SOI.

VOUS AVEZ CREUSÉ UN TUNNEL DANS LA NEIGE AVEC VOTRE CUILLÈRE ?

ÇA M'A PRIS UNE SEMAINE ET DEMIE POUR CREUSER SOUS DES CENTAINES DE PIEDS DE NEIGE... ET UN BOL DE RAGOÛT DE POMMES DE TERRE POUR ME REQUINQUER APRÈS COUP !

MAIS QU'EST-CE QUE C'EST QUE ÇA ?

UNE **AIGUILLE DE HÉRISSON** ! NOUS SOMMES SUR LA BONNE PISTE !

PEDRO !

TENEZ BON, LILY ET PEDRO ! **NOUS VOICI** !

AVEZ-VOUS DÉJÀ ENTENDU PARLER DU JEKK DES FORÊTS ?

IL S'AGIT D'UN **ESPRIT HARGNEUX** QUI DÉTESTE QUE SON SOMMEIL SOIT PERTURBÉ PAR **QUOI** QUE CE SOIT - OU **QUI** QUE CE SOIT!

AVEZ-VOUS DÉJÀ RÉVEILLÉ LE JEKK DES FORÊTS, JOHNSON BONE ?

JE N'AI JAMAIS EU CE MALHEUR, MAIS C'EST ARRIVÉ À L'UN DE MES AMIS, **PRICKLY BOB**... ET CELA LUI A **COÛTÉ CHER** !

ON DIT QUE PRICKLY BOB S'EST RENDU EN FORÊT, QU'IL A **TRÉBUCHÉ** SUR LE JEKK... ET QU'IL N'EST JAMAIS **REVENU**.

L'A-T-ON... L'A-T-ON RETROUVÉ ?

OUI. PRICKLY BOB EST-IL RÉAPPARU ?

ON L'A BIEN RETROUVÉ...

MAIS SA TÊTE AVAIT ÉTÉ REMPLACÉE PAR **UN CANTALOUP** !

AREU! PRICKLY BOB A PERDU LA TÊTE!

WEUH! C'EST QUOI, UN CANTALOUP?

JE M'ÉTONNE DE CE QUE LE HAUT CONSEIL NE M'AIT PAS ÉVINCÉ **PLUS TÔT**. SANS VOULOIR VOUS OFFENSER, JE SUIS AUSSI INSIGNIFIANT QU'UNE **SOURIS**. COMMENT AI-JE PU LAISSER PAREILLE CHOSE SE PRODUIRE ? CES CRÉATURES ÉTAIENT SOUS MA GARDE.

RELAXE-TOI, BOHÉMOND ! ILS REVIENDRONT OU PAS. TU NE PEUX RIEN Y CHANGER.

VOUS AVEZ TORT, MONSIEUR PIP !

AINSI QUE L'A DIT LE GRAND JOHNSON BONE, IL FAUT DÉCIDER SI **LA PEUR DIRIGE NOTRE VIE**.

EH BIEN, J'AI DÉCIDÉ !

LA PEUR NE DIRIGE PAS MA VIE, MAIS ELLE ME DONNE DES INDICATIONS UTILES.

FONCER DROIT VERS LA GROTTE DES RATS-GAROUS, C'EST **IDIOT** !

IDIOT OU PAS, IL EST TEMPS QUE J'AGISSE COMME UN DRAGON PROTECTEUR ! VOUS VENEZ AVEC MOI OU PAS ?

FLEURETTE ? OÙ CROIS-TU ALLER AINSI ?! LE GRAND JOHNSON BONE NOUS A **EXPRESSÉMENT** DEMANDÉ DE **L'ATTENDRE ICI** !

BON, D'ACCORD ! MAIS JE N'AIMERAIS PAS ÊTRE À **TA PLACE** QUAND IL APPRENDRA QUE PERSONNE NE SAIT COMMENT IL EST **MORT** !

81

DES MAMMIFÈRES?

CES AMPHIBIENS ONT MENTI À TITUS!

AREU!

OH HO!

ATTRAPEZ CES MAMMIFÈRES!

JE SUIS UN REPTILE!

VOYONS LA SITUATION COMME L'OCCASION DE PARTIR À L'AVENTURE, LES PETITS!

ET SI C'ÉTAIT L'OCCASION DE RESTER EN VIE?

BANZAÏ!

QUI OSE ATTAQUER LES TROUPES D'ÉLITE DE SA MAJESTÉ?!

MOI!

BOHÉMOND, ANCIEN MEMBRE DES DRAGONS GARDIENS! RELÂCHEZ MES AMIS SUR-LE-CHAMP!

C'EST TROP TARD! REGARDEZ!

JE SUIS UNE THÉIÈRE... RONDE ET FÊLÉE...

84

JE N'AI PAS BESOIN D'UN AUTRE SERVITEUR, SIMIEN.

JE SUIS MOINS QU'UNE BESTIOLE. QU'Y A-T-IL DE PLUS PETIT QU'UNE BESTIOLE... ?

OH, NE DITES PAS CA!

TOUT SE PRODUIT COMME JE L'AI CRAINT CE JOUR OÙ L'ON M'A PARLÉ DE VOTRE GRANDE BEAUTÉ! JE N'AI PAS DE PLACE POUR PRIER À L'AUTEL DE VOTRE MAGNIFICENCE!

ON T'A PARLÉ DE MA BEAUTÉ? JE ME DEMANDE QUI.

JE CROIS QU'UNE FEMELLE DOIT TOUJOURS SOIGNER SON APPARENCE.

JE MAUDIS MES YEUX QUI N'AURAIENT PAS DÛ CONTEMPLER TANT DE BEAUTÉ!

MOINS QU'UN INSECTE, MOINS QU'UN INSECTE...

MA REINE, SI VOUS PERMETTEZ, QUE DOIT-ON FAIRE DES PRISONNIERS?

Ô, RAVISSANTE CRÉATURE, QU'ADVIENDRA-T-IL DE NOUS? SURTOUT, DE MOI?

CONDUISEZ-LES AU GARDE-MANGER! QUAND J'AURAI FAIM, PRÉPAREZ LE SINGE EN PREMIER. IL ME PLAÎT.

MAIS... JE VOUS COMPLIMENTE DEPUIS LE DÉBUT! VOUS CROYEZ QUE C'EST FACILE?!

UNE BACTÉRIE! C'EST CA, JE SUIS MOINS QU'UNE BACTÉRIE.

ET NE CROIS PAS QUE JE T'AIE OUBLIÉ, MONSIEUR J'IGNORE-CE-QUE-DIT-MA-MÈRE! QUEL ROI FERAS-TU SI TU NE SAIS PAS ÉCOUTER?

AREU! HEU!

QUELQUE CHOSE NE PASSE PAS...

BLURRKK!

HEU! HEU!

SPLURCHH! RUMBLE! RUMBLE!

BLURRCH! SQUIRRGLE! BOUMMPH!

IL FAIT PLUS SOMBRE QU'À L'INTÉRIEUR D'UN CACHALOT ICI!

IL FAUDRAIT JETER UN PEU DE **LUMIÈRE** SUR NOTRE SITUATION FÂCHEUSE.

SKRITCH

HUM!

C'EST CE QUE JE CROYAIS. NOUS SOMMES À L'INTÉRIEUR DU **TUBE DIGESTIF** DE LA BÊTE.

MAIS JE NE VEUX PAS LUI SERVIR DE **COLLATION**!

DU CALME, RAMONA! LE GRAND JOHNSON BONE VA NOUS TIRER DE LÀ, PAS VRAI, JOHNSON BONE?

VRAI, PORTHOS. ET SI JE ME SOUVIENS DE MES COURS D'**ANATOMIE**, LA SORTIE SE TROUVE EN BAS!

EN BAS?! SI JE ME SOUVIENS DE MES COURS D'ANATOMIE, C'EST PRÉCISÉMENT LÀ OÙ NOUS NE VOULONS PAS ALLER!

QUE FAIRE, SINON? **L'AUTRE** EXTRÉMITÉ EST PLEINE DE DENTS.

OUG! TOUT ÇA NE ME DIT RIEN DE BON...

87

FLÛTE, BOHÉMOND ! J'ESPÉRAIS QUE TU PUISSES NOUS PORTER SECOURS...

TU T'ES MOLLEMENT LAISSÉ ENFERMER AVEC NOUS !

JE SAIS. JE FAIS UN BIEN PIÈTRE DRAGON PROTECTEUR, NON ?

QU'AI-JE FAIT POUR DÉPLAIRE À LA REINE ? J'ÉTAIS TOUT À FAIT CHARMANT, JE PENSE.

J'AURAIS PEUT-ÊTRE DÛ LUI RÉCITER UN POÈME... LA METTRE À L'AISE...

VOTRE SORT EST DÉCIDÉ, PETITS ANIMAUX... NE VOUS TRACASSEZ PAS INUTILEMENT !

L'INQUIÉTUDE GÂTERAIT LE GOÛT DE VOTRE CHAIR. SOUS PEU, TOUS LES ANIMAUX DE LA VALLÉE FARCIRONT NOS ESTOMACS AFFAMÉS.

SANS DRAGON PROTECTEUR POUR LES PROTÉGER, ILS SERONT À NOUS !

JE... JE CROIS QUE JE VAIS ÊTRE... MALADE !

ULLURCH !

OH HO !

FOOMP!!

COMMENT SUIS-JE CENSÉ RÉFLÉCHIR AU MOYEN DE SAUVER MA PEAU SI VOUS FAITES UN TEL BOUCAN ?

VOILÀ QUI ÉTAIT INATTENDU.

JE PENSAIS QU'IL NE CRACHAIT PAS DE FEU. QU'IL NE LANÇAIT QUE DES PIERRES.

ATTENTION!

CA **GLISSE** TERRIBLEMENT PAR ICI.

MAIS PAS AUTANT QUE LA GLACE QUI COUVRAIT LE VERSANT NORD DES **MONTS** BOUM-SCHNOQUE!

... LA PAROI ROCHEUSE ÉTAIT PLUS GLISSANTE QUE DU **BEURRE**... ET POUR **AGGRAVER** LA SITUATION, LA CHAÎNE DE MONTAGNES ÉTAIT SUJETTE À...

ATTENTION, LE MONSTRE **BOUGE**!

MON ESTOMAC...

...MAL...

BUURRPPP!

RUMMBLEGRUMBLE! BLURPP! BLURRCHHH!

AÏE!

LE SOL TREMBLE! BATTEZ DES BRAS!

CA DEVRAIT NOUS AIDER?

CA NE PEUT NUIRE.

MAL AU VENTRE!

DOCTEUR, VOUS DEVEZ SOIGNER MON FILS!

POUAH! QUELLE PUANTEUR!

N'AYEZ CRAINTE, MA REINE! LE DOCTEUR GUAM EST LÀ! JE VAIS TROUVER L'ORIGINE DU MALAISE DE VOTRE FILS.

BURRAPP!

FAITES VITE, JE VOUS EN PRIE!

BAMMPH!

LE PRINCE PEUT ÊTRE INFECTÉ PAR L'UN DES VIRUS QUI INFESTENT LA RÉGION. VOUS AVEZ BIEN FAIT DE ME CONSULTER.

PURTTT!

GRRGLLE!

JE VOIS... IL PEUT S'AGIR D'UNE SIMPLE INFLAMMATION DE SON BLUGOSSWICK OU ALORS D'UNE INFECTION CAUSÉE PAR LES ELFES DES BOIS.

WURRGLLE! BLOOPURCHH!

LES ELFES SONT MORTELS POUR NOUS.

JE VOUS EN PRIE, DOCTEUR, GUÉRISSEZ MON FILS!

GRUMBLE! BLURP!

ET MAINTENANT QUOI, GRAND JOHNSON BONE ? COMMENT VAS-TU NOUS SORTIR D'ICI ?

J'Y RÉFLÉCHIS, PORTHOS. MAIS C'EST FRISQUET DANS LE VENTRE DE LA BÊTE AVEC MES VÊTEMENTS HUMIDES. AVANT TOUTE CHOSE, JE DOIS...

... FAIRE DU FEU.

HUM. IL N'Y A PEUT-ÊTRE PAS D'ELFE DANS VOS BOYAUX. TOUT ELFE DIGNE DE CE NOM NE REFUSE JAMAIS UNE GÂTERIE.

TITUS A MAL AU VENTRE, DOCTEUR !

CERTAINES CHOSES TRAÎNENT ICI DEPUIS DES ANNÉES. PAS ÉTONNANT QU'IL DIGÈRE MAL !

CA CHASSE, EN EFFET, L'HUMIDITÉ.

JE SUIS DÉJÀ MIEUX.

AH ! UNE BELLE FLAMBÉE. MAIS IL SEMBLE MANQUER QUELQUE CHOSE...

HÉ, JOHNSON BONE ! REGARDEZ CE QUE J'AI TROUVÉ !

VOILÀ QUI FERA L'AFFAIRE !

PONCHO JOUAIT DU BANJO SEUL DANS LA PAMPA

STOMPITY STOMPITY

95

SACREBLEU, IL VA VOMIR, N'EST-CE PAS ?

HUURRK~

CHÉRI, COUVRE TA BOUCHE !

J'EN ÉTAIS SÛR ! DÈS QU'ON S'AMUSE UN PEU, ON NOUS MET À LA PORTE !

TENEZ-VOUS BIEN ! C'EST PARTI !

URLLLCH!

MON BÉBÉ !

TA MAIN DEVANT TA BOUCHE ! UN PRINCE MET TOUJOURS SA MAIN DEVANT SA BOUCHE !

MAM ! PAPA !

CHAUD

CHAUD

FOOMP

SPLASH!

UGH.

JOHNSON, VOILÀ LA REINE ! SAISIS-LA !

NON...

FAITES PAS MAL À MAMAN !

97

TOUCHEZ PAS À MA MAMAN!

VIENS, FLEURETTE! J'AI UNE IDÉE.

HÉ!

MAIS QU'EST-CE QUE VOUS FAITES ?! ILS VONT NOUS TUER!

C'EST COMME POUR LA TORNADE, MONSIEUR PIP! QUAND ON MAÎTRISE LE GOUVERNAIL, ON MAÎTRISE LA BÊTE!

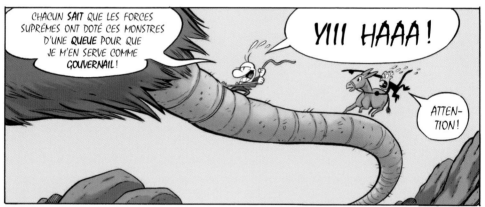

CHACUN SAIT QUE LES FORCES SUPRÊMES ONT DOTÉ CES MONSTRES D'UNE QUEUE POUR QUE JE M'EN SERVE COMME GOUVERNAIL!

YIII HÁÁÁ!

ATTEN-TION!

TITUS SE CHARGER DES AMPHIBIENS POUR DE BON!

SAUTEZ!

CHOMP!

OUF

98

OUH!

IL S'EST MORDU LA QUEUE!

OUILLE!

OH HO! JE CROIS QU'IL VA S'ÉVANOUIR.

ORG! MOI SENTIR PAS BIEN...

FILONS!

ATTENTION!

AAAH!

OOOH!

AAAH!

WHAM

AAAH!

ARG!

TOUT LE MONDE VA BIEN?

CHEZ LES NÔTRES, JE VEUX DIRE.

NOUS, ÇA VA. MAIS LA MAJORITÉ DES RATS SE TROUVE SOUS TITUS!

MON BÉBÉ! LA BELLE QUEUE DE MON PETIT! QU'AS-TU FAIT, ESPÈCE DE MONSTRE!?

HÉ, C'EST LUI QUI M'A BOUFFÉ!

ESPÈCE DE DEMI-PORTION! TU N'AS CAUSÉ QUE DES ENNUIS DEPUIS TON ARRIVÉE ICI.

TU PEUX BIEN TRANCHER LA QUEUE D'UN ENFANT INNOCENT...

MAIS TU N'OSERAS PAS T'EN PRENDRE À LA REINE DES RATS-GAROUS!

C'EST UNE JOLIE FOURRURE QUE VOUS AVEZ, MADAME...

SKREEE
SKREEEE
SKEEEEEE

FAUT-IL **VRAIMENT** QUE VOUS PARTIEZ, JOHNSON BONE ?

CE N'EST PAS QUE JE M'ENNUIE, LILY, MAIS LE MONDE EST VASTE ET JE NE L'AI PAS TOUT PARCOURU. JE FERAIS MIEUX DE PARTIR AVANT LES PREMIÈRES NEIGES.

QUI VA NOUS **PROTÉGER** SI TU PARS ?

BOHÉMOND A RETROUVÉ SA FLAMME. **IL VOUS PROTÉGERA.** PAS VRAI, BOH ?

J'IMAGINE. DU MOINS, JUSQU'À CE QUE LE HAUT CONSEIL DES DRAGONS CHOISISSE MON **SUCCESSEUR.**

TU ES TROP SÉVÈRE ENVERS TOI-MÊME, PETIT. TU AS PERDU LA MAÎTRISE DE LA SITUATION, DISONS, DEUX OU TROIS FOIS ? **SIX, AU PLUS...** MAIS TU L'AS DOMINÉE QUAND IL LE FALLAIT.

À MON AVIS, LE HAUT CONSEIL DES **DRAGONS** SAURA CHOISIR JUDICIEUSEMENT CELUI QUI DEVRA PROTÉGER CET ENDROIT.

AU REVOIR!

ADIEU, CRÉATURES DE LA VALLÉE! JE NE VOUS OUBLIERAI JAMAIS, NI NOS AVENTURES, DU MOINS, PENDANT LE PROCHAIN **QUART D'HEURE**.

LE VOILÀ PARTI.

QUELQU'UN A PEUT-ÊTRE FAIT UN VŒU ET IL DOIT ALLER L'AIDER À SON TOUR.

IL AVAIT RAISON À TON SUJET, BOHÉMOND. TU NOUS AS AIDÉS À SORTIR DU **GARDE-MANGER** ET TA FLAMME A TENU LES RATS À DISTANCE JUSQU'À L'ARRIVÉE DE **BONE**.

MAIS S'IL N'ÉTAIT **PAS** ARRIVÉ?

LES RATS AURAIENT ENVAHI LA VALLÉE ET DÉVORÉ LES CRÉATURES SOUS TA GARDE.

PAS SI VITE! J'AI RETROUVÉ MA FLAMME ET NOUS AVONS LIVRÉ UN BON COMBAT...

AÏÏÏEEE!

LE DRAGON DU **HAUT** CONSEIL!

JE SUIS NAVRÉ, FIER FILS DE MIM. VEUILLEZ EXCUSER MA SOTTISE. JE VIENS DE TRAVERSER DES MOMENTS DIFFICILES ET...

CALME-TOI !

JE SAIS POURQUOI TU ES ICI ET J'ACCEPTE LA DÉCISION DU HAUT CONSEIL DE ME REMPLACER À TITRE DE PROTECTEUR DE CES CRÉATURES.

TE REMPLACER ? POURQUOI ? TOUTES LES CRÉATURES SOUS TA GARDE SONT EN SÛRETÉ.

MAIS JE... JE N'ÉTAIS PAS SEUL À AGIR.

BIEN ENTENDU, MAIS C'EST AINSI QUE VONT LES CHOSES, NON ? BOHÉMOND, **DRAGON LANCE-FLAMMES**, JE TE FAIS DÉSORMAIS **PROTECTEUR** DE CES CRÉATURES.

JE... JE NE VOUS DÉCEVRAI PAS, MONSIEUR !

CES RATS DEVRONT **FILER DOUX** ! NOUS ALLONS LEUR ENSEIGNER QUI **MÈNE** DANS CETTE VALLÉE !

TU L'AS DÉJÀ FAIT, JE CROIS.

VOUS ÊTES **SÉRIEUX** ?

OUI...

... TES AMIS ET TOI LAISSEREZ UNE IMPRESSION DURABLE...

104

SI JE RÉCAPITULE, TU AS ÉTÉ HAPPÉ PAR UNE **TORNADE** POUR TOMBER DANS UNE VALLÉE GROUILLANT DE **DRAGONS** ET DE **RATS GÉANTS**...

... ET LA **REINE** DES RATS GÉANTS T'A DONNÉ EN PÂTÉE À SON **FILS** ?!

HA! HA!

QUELLE IMAGINATION, M'SIEUR!

TOUT JUSTE! ET JE SUIS RESTÉ **DANS SA PANSE** JUSQU'À CE QUE LE MONSTRE VOMISSE!

PUIS, JE SUIS DEVENU **RICHE** EN TROUVANT UNE **PÉPITE D'OR GÉANTE**! QUI M'A PERMIS D'ACHETER CETTE TERRE ET D'ÉTABLIR UN POSTE DE TRAITE. N'EST-CE PAS VRAI, MONSIEUR POP ?

OUF. OUI.

IL A DIT : «CONSTRUISONS UN POSTE DE TRAITE QUE TU **DIRIGERAS**.» «PLUTÔT ME NOYER DANS UNE FLAQUE DE MA SALIVE», QUE J'AI RÉPONDU.

CE SONT LÀ DES HISTOIRES À DORMIR DEBOUT, PETIT. **TU N'ESPÈRES** PAS QUE JE VAIS TE CROIRE...

CROIS CE QUE TU VEUX, L'AMI. MOI, JE **PARS**...

L'APPEL DU LARGE QUI ME POUSSE ENCORE **À L'AVENTURE**!

ON NE DOUTE PAS DE LA PAROLE D'UN HOMME SOUS PRÉTEXTE QU'IL A SOIF D'AVENTURES...

MOI, JE BOSSE JOUR ET NUIT COMME UN ESCLAVE À SERVIR LES RUSTRES ET LES MALPROPRES PENDANT QUE SON ALTESSE PART À L'AVENTURE... OU ÉTANCHE SA SOIF.

.... LE GRAND JOHNSON BONE EST UN HOMME D'HONNEUR...

JE L'AI TOUJOURS PRÉTENDU : DUR, DUR D'ÊTRE UN SINGE !

SI UN PAN DE CETTE HISTOIRE EST FAUX, QUE LES FORCES SUPRÊMES FASSENT TOMBER SUR MOI LA NEIGE DE TOUT UN HIVER !

LE GRAND JOHNSON BONE N'ALTÈRE PAS LA VÉRITÉ !

EUH... PEUT-ÊTRE UN TANTINET. ALLEZ, FLEURETTE, EN ROUTE !

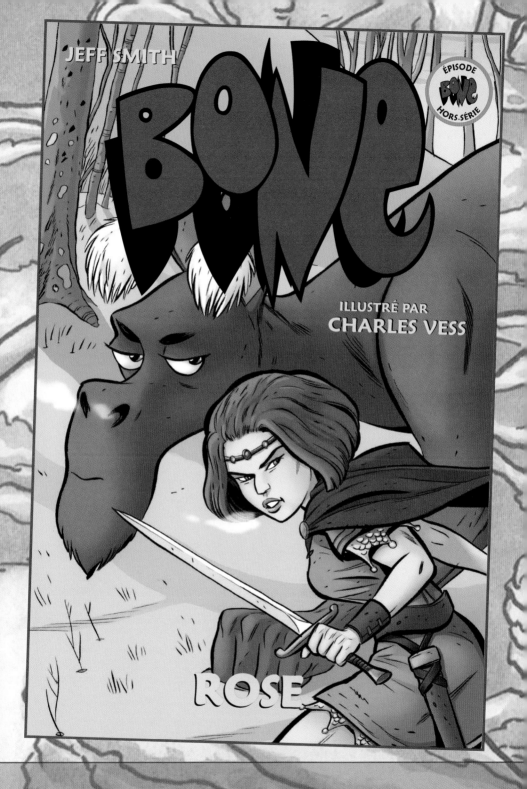

JEFF SMITH

BONE

ÉPISODE
HORS-SÉRIE

ILLUSTRÉ PAR
CHARLES VESS

ROSE

Un autre épisode BONE hors-série !